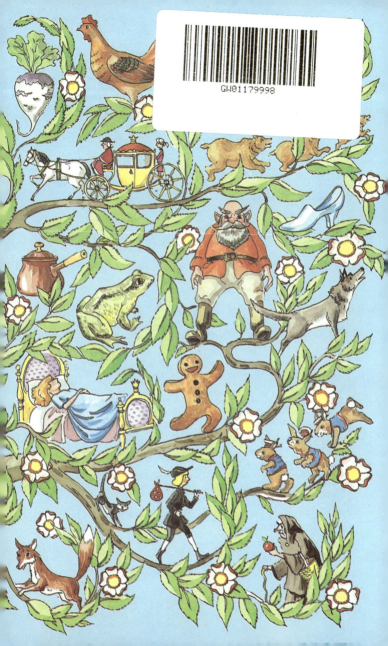

Depuis des générations, les enfants sont captivés par les histoires célèbres de la série "Contes familiers". Les plus jeunes aiment se pencher sur les petits détails des belles illustrations en couleur tout en écoutant l'histoire. Les plus grands se plaisent à lire seuls ces contes passionnants dont le texte est facile à lire.

British Library Cataloguing in Publication Data
Mills, Vernon
   Tom Pouce.—(Contes familiers (Coccinelle))—
  (Ladybird French editions. Series no. 606DF; 9)
  1. French language—Readers
  I. Title   II. Dyke, John   III. Grimm, Jacob.
  Daumling   IV. Series
  448.6'421   PC2117
  ISBN 0-7214-0903-2

© Ladybird Books Ltd, Loughborough, Leicestershire, England 1985
Titre original: *Tom Thumb*
ISBN: 0 7214 0590 8
Depôt légal: 1er Trimestre 1985
No. d'Editeur: 3241
Imprimé en Angleterre par Ladybird Books Ltd.

Contes familiers

Tom Pouce

Adaptation pour une lecture facile
VERNON MILLS
Illustré par JOHN DYKE

Il était une fois un bûcheron et sa femme qui étaient très tristes car ils n'avaient pas d'enfants.

– Je voudrais vraiment avoir un enfant, disait la femme du bûcheron à son mari régulièrement. Tu es dehors toute la journée et je me sens tellement seule à la maison.

– Je sais, répondait le bûcheron, ce serait formidable.

– J'aimerais tant avoir un fils ou une fille que je ne me plaindrais pas même si notre bébé n'était pas plus grand que le pouce.

Imaginez-vous la joie du bûcheron et de sa femme lorsque, quelque temps plus tard, leur souhait se réalisa, et qu'ils eurent un fils.

Chose étrange, il n'était pas plus grand que le pouce. Aussi l'appelèrent-ils "Tom Pouce".

Le bûcheron et sa femme donnaient à Tom la meilleure nourriture qu'ils pouvaient se procurer, mais Tom ne grandit jamais. En dépit de sa petite taille ce fut bientôt un jeune homme intelligent et plein d'entrain. Ses parents aimaient beaucoup discuter avec lui mais regrettaient qu'il ne puisse pas les aider.

Un beau matin, cependant, il leur prouva le contraire.

— Si seulement Tom était plus grand, soupira le bûcheron, il pourrait conduire le cheval et la carriole à ma place.

— Mais je peux le faire, s'écria Tom.

— Ne dis pas de bêtises, répondit sa mère. Tu ne pourrais pas tenir les rênes, tu tomberais de la carriole et tu te tuerais.

— Si tu attelles le cheval, maman, je te montrerai que je peux le conduire, déclara Tom.

— Bien, répondit sa mère, mais je ne vois pas comment tu y parviendras.

Le bûcheron partit dans la forêt pendant que sa femme harnachait le cheval et le faisait reculer entre les brancards de la carriole.

— Et maintenant, mon garçon, comment vas-tu faire pour conduire ce grand attelage? demanda la mère de Tom.

— Mets-moi dans l'oreille du cheval, maman. Ainsi je pourrai lui commander d'avancer et de s'arrêter quand il le faudra. Je serai bien au chaud et en sécurité, et quand nous arriverons dans la forêt, papa m'aidera à descendre, expliqua Tom.

— Je n'aime guère ton projet, lui répondit sa mère, cependant cela aiderait beaucoup ton père et je suppose que nous devons essayer. Mais sois prudent et accroche-toi bien pour que les cahots de la route ne te fassent pas tomber.

L'attelage se mit en route, Tom confortablement installé dans l'oreille du cheval. Celui-ci obéissait à Tom. Quand la route était bonne et que Tom lui disait ''plus vite'', il se mettait au trot. Mais quand le chemin était semé d'ornières, Tom disait ''doucement'' et le cheval avançait prudemment au pas.

Sur la route, ils rattrapèrent deux hommes qui cheminaient ensemble. Au moment où la carriole dépassait les deux compères, Tom cria ''doucement'' au cheval. Déjà étonnés par le spectacle inattendu de cet attelage sans conducteur, les deux voyageurs furent stupéfaits d'entendre quelqu'un parler au cheval.

— N'as-tu pas entendu une voix s'adresser au cheval? demanda l'un des hommes à son compagnon.

— Si, il m'a bien semblé entendre quelqu'un, lui répondit son ami, mais cet attelage n'a pas de conducteur, et il n'y a personne d'autre en vue!

— Suivons le et voyons si cela se reproduit, proposa le premier homme.

Ils se mirent donc à suivre la carriole et continuèrent bien sûr à entendre quelqu'un parler au cheval. Finalement, l'attelage arriva à l'endroit où travaillait le bûcheron.

– Me voilà, papa, cria Tom. Je t'avais bien dit que je pouvais conduire la carriole à ta place ! Peux-tu m'aider à descendre, s'il te plaît ?

– Bravo Tom ! s'exclama son père. Je ne voyais pas comment tu allais faire, mais ton idée est une réussite.

Le bûcheron fit sortir Tom avec précaution de l'oreille du cheval et l'assit sur son épaule. Les deux hommes comprirent alors pourquoi ils n'avaient vu personne conduire l'attelage et ils découvrirent ainsi d'où venait la voix qu'ils avaient entendue.

Ils s'approchèrent et l'un d'eux dit au père de Tom:

— Voilà un petit gars intelligent. Acceptez-vous de nous le vendre? Nous prendrons soin de lui comme s'il était notre propre enfant.

15

— Mais c'est mon fils, s'exclama le bûcheron et je ne le vendrai pour rien au monde! Sa mère en aurait le cœur brisé. Non, vraiment, je ne peux pas vous le vendre. Passez votre chemin!

Tom s'approcha de l'oreille de son père et lui dit en chuchotant:

— Laisse-moi partir avec eux, papa, et accepte leur argent, nous en avons tellement besoin. Je leur fausserai compagnie et je serai de retour à la maison dans un jour ou deux.

Le bûcheron se laissa convaincre à contrecœur et vendit Tom en échange d'une forte somme d'argent.

— Nous l'emmènerons de ville en ville et nous le donnerons en spectacle, déclara l'un des deux hommes en s'éloignant. De cette manière, nous aurons vite fait fortune.

— Et il ne nous coûtera pas cher, renchérit son ami ! Un petit gars comme lui ne doit pas manger grand chose. Et puis il peut voyager dans ta poche et y passer la nuit.

Tom voyagea donc installé dans la poche de l'un des compères. De là, il pouvait admirer le paysage tandis qu'ils cheminaient. Les deux hommes marchèrent toute la journée car ils avaient hâte

d'arriver au prochain village. Dans la soirée, Tom dit à celui qui le portait:

— Laissez-moi descendre, s'il vous plaît. J'ai des crampes et je voudrais me dégourdir les jambes.

Les deux hommes s'arrêtèrent donc pour se reposer et déposèrent Tom à leur côté. Tom fit semblant de se dégourdir les jambes mais, en réalité, il cherchait une cachette.

19

Soudain, Tom aperçut un terrier de lapin creusé dans le talus. D'un bond, il fut à l'entrée.

— Au revoir, chers amis, cria-t-il. Merci pour la promenade. La prochaine fois, faites un peu plus attention. On perd facilement les petites choses!

Et sur ces mots, Tom disparut en s'engouffrant dans le terrier.

Les deux hommes étaient furieux. De leur bâton, ils essayèrent de l'en déloger, tentèrent de voir où il s'était réfugié, appelèrent, mais en vain. Comme la plupart des terriers, celui-ci possédait un second accès de l'autre côté du talus. Tom sortit bien vite et commença à se frayer un chemin parmi les hautes herbes. Les deux hommes tempêtèrent, se lamentèrent et fouillèrent sans succès les environs. Bientôt, il fit trop noir pour voir quoi que ce soit et, fort en colère, ils se remirent en route sans Tom.

Celui-ci était très content de leur avoir échappé. La nuit étant tombée, il chercha un endroit pour dormir. Il trouva bientôt une coquille d'escargot vide. Il se blottit à l'intérieur et était sur le point de s'endormir lorsqu'il entendit des voix.

C'étaient les voix de deux brigands.

– Comment allons nous faire pour voler l'or et l'argent du curé? demanda l'un d'eux.

– Je vais vous le dire, s'écria Tom d'une voix forte.

– As-tu entendu une voix? demanda le brigand à son compagnon.

– Emmenez-moi avec vous, reprit Tom, et je vous aiderai à lui voler son argent.

Les deux voleurs étaient très intrigués. Ils entendaient bien quelqu'un parler mais ne voyaient personne.

— Où es-tu? demanda le premier.

— Par terre, répondit Tom. Guide-toi d'après le son de ma voix et tu me trouveras.

Ils se mirent à quatre pattes et eurent tôt fait de trouver Tom.

L'un des deux brigands dit en prenant Tom dans le creux de sa main:

— Comment un petit gars comme toi pourrait-il nous aider?

— Je peux me glisser entre les barreaux d'une fenêtre et vous passer l'argent, expliqua Tom.

— Entendu, dirent les voleurs. Nous allons t'emmener avec nous et nous verrons ce que tu sais faire.

Lorsqu'ils arrivèrent à la maison du curé, Tom, comme il l'avait promis, se faufila à l'intérieur de la bâtisse. Depuis l'appui de fenêtre, il se mit à crier:

— Voulez-vous tout l'argent qu'il y a ici?
— Chut! firent les brigands. Tu vas réveiller tout le monde.

Tom fit semblant de ne pas avoir entendu et reprit de plus belle:

— Combien d'argent voulez-vous? Faut-il que je vous lance tout le magot?

La bonne du curé, qui dormait dans la pièce voisine, s'éveilla, s'assit dans son lit et écouta attentivement.

Les voleurs, qui s'étaient enfuis en entendant Tom crier, revinrent sur leurs pas.

— Arrête ce vacarme, dirent-ils en chuchotant et passe-nous l'argent.

Tom hurla de toutes ses forces:

— D'accord! Tendez les bras, voici les écus!

La bonne entendit les cris de Tom et bondit hors de son lit. Elle courut à la porte, mais les brigands avaient pris la fuite. Pendant qu'elle allait chercher une bougie, Tom s'échappa et se faufila dans la grange. Il était fatigué et voulait trouver un coin tranquille pour dormir.

La bonne revint, une chandelle à la main et regarda dans tous les coins, mais elle ne vit personne.

– J'ai dû rêver, se dit-elle. Et pourtant, je jurerais avoir entendu des voix!

Encore intriguée, elle souffla la bougie et retourna se coucher.

Dans la grange, le foin était doux et chaud.

– Je rentrerai chez moi demain, se dit Tom.

Après cette journée si riche en émotions il s'endormit rapidement.

La bonne se leva à l'aube pour traire les vaches et leur donner à manger. Elle alla tout droit à la grange pour y chercher du foin et prit justement la botte dans laquelle Tom s'était installé, pour la donner aux vaches.

Tom s'éveilla alors qu'il se trouvait dans la bouche d'une des vaches. Il faillit être écrasé par les grosses dents de Gourmande. Tout à coup, il se sentit glisser et se retrouva dans l'estomac de la vache, au milieu du foin.

— Il fait bien sombre ici, dit Tom très ennuyé en essayant de se relever. Et il n'y a pas beaucoup de place, ajouta-t-il.

L'estomac de Gourmande ne cessait de se remplir et Tom était de plus en plus à l'étroit.

— Arrête de manger, cria-t-il à pleins poumons. Je n'ai plus de place ici !

La bonne fut si surprise d'entendre une voix sortir de la bouche de Gourmande, qu'elle en lâcha son seau. Elle courut à la maison appeler le curé:

— Venez vite, y'a Gourmande qui parle!

— Vous êtes folle! répondit le curé. Les vaches ne parlent pas. Mais au même instant, Tom cria à nouveau:

— Arrête de manger, je ne peux plus respirer!

Le curé pensa que la vache était ensorcelée et il décida de la faire abattre. Lorsque cela fut fait, le boucher jeta dans la cour l'estomac de Gourmande dans lequel Tom se trouvait encore.

— J'en ai de la chance, pensa Tom. Il faut que je m'échappe pendant qu'il en est encore temps.

Après maints efforts, il parvint enfin à sortir la tête à l'air libre.

– Ah! ça va mieux, je respire un peu, dit-il.

Mais il n'était pas au bout de ses peines. Un loup affamé qui passait par là aperçut l'estomac de Gourmande et n'en fit qu'une bouchée, avant que Tom ait pu s'echapper.

– Me voilà à nouveau dans de beaux draps, soupira Tom. Mais tout à coup, une idée lui vint à l'esprit.

— Loup, appela Tom, as-tu encore faim?

— J'ai toujours faim, répondit le loup.

— Tout près d'ici, dit Tom, je connais une maison où tu trouveras toutes sortes de bonnes choses à manger. Et Tom décrivit la maison de ses parents, et le chemin qu'il fallait emprunter pour s'y rendre.

— Tu pourras rentrer dans la cuisine par le trou d'écoulement de l'évier. Tu trouveras de la viande, du jambon et mille autres délicieuses victuailles dans le garde-manger.

Alléché par l'idée d'une telle abondance, le loup se mit en route dès la tombée de la nuit. Lorsqu'il arriva à la maison du bûcheron, il chercha l'entrée magique, pénétra dans la cuisine et commença son festin.

Le loup mangea jusqu'à ce qu'il soit complètement rassasié. Il voulut alors ressortir de la même manière qu'il était entré, mais il avait tant mangé que son ventre était devenu énorme. Il eut beau s'efforcer de se glisser par le trou d'écoulement de l'évier, il n'y parvint pas.

C'était ce que Tom avait espéré. Il était si content que son plan ait réussi qu'il se mit à chanter à pleins poumons.

— Tais-toi, dit le loup très en colère. Tu vas réveiller toute la maison.

— Je m'en moque, cria Tom. Tu t'es bien amusé. Maintenant, c'est mon tour et il se mit à crier de plus belle et à chanter à tue-tête.

Le bruit que faisait Tom en chantant réveilla le bûcheron et sa femme. Ils allèrent jusqu'à la porte de la cuisine et l'entrebaillèrent. Le bûcheron, effrayé, sursauta:

— C'est un loup! dit-il à sa femme et il a l'air furieux. Je vais chercher ma hache.

Il revint bientôt, la hache à la main. Sa femme lui dit:

— Et si le loup venait à m'attaquer! Il me faut aussi une arme.

— Va chercher la faux, lui dit son mari. Pendant que je trancherai la tête du loup avec la hache, tu lui ouvriras le ventre avec la faux.

Tom prit peur en entendant son père. Dès que ses parents entrèrent dans la cuisine, il hurla de toutes ses forces:

– Père, père, je suis dans le ventre du loup, fais attention!

Le bûcheron et sa femme s'immobilisèrent, stupéfaits d'entendre la voix de leur fils sortir du ventre du loup.

– Qu'allons-nous faire? dit la mère de Tom. Si j'ouvre le ventre du loup, je risque de blesser notre enfant.

– Je vais tuer le loup tout seul avec la hache, dit le bûcheron, puis nous pourrons faire sortir Tom sans aucun risque.

D'un seul coup de hache le bûcheron fracassa la tête du loup qui s'effondra, mort à ses pieds.

Lorsque le bûcheron fut bien certain que le loup était mort, il prit son couteau et lui ouvrit prudemment le ventre. Tom était heureux d'être à nouveau libre et ses parents pleuraient de joie de le voir sain et sauf.

— Nous ne pensions pas te revoir, lui dit sa mère en essuyant ses larmes. Que t'est-il arrivé et comment se fait-il que tu te sois trouvé dans le ventre du loup?

— Commence plutôt par nous raconter ce qui s'est passé lorsque les deux hommes t'ont emmené, demanda son père. Tu m'avais dit que tu t'échapperais et que tu rentrerais à la maison le lendemain ou le surlendemain mais voici bien longtemps que tu es parti.

Tom s'installa confortablement dans le giron de sa mère et entreprit le récit de ses nombreuses aventures.

— Depuis que je vous ai quittés, j'ai visité des lieux étranges, dit-il. Le soir même du jour où les hommes m'ont emmené, je leur ai demandé de me laisser me dégourdir les jambes et, pendant qu'ils avaient le dos tourné, je me suis échappé en me réfugiant dans un terrier de lapin.

— N'as-tu pas eu peur, tout seul dans le noir ? lui demanda sa mère.

— Oh si maman ! mais pas autant qu'un peu plus tard, déclara Tom. J'ai fait semblant d'aider des voleurs et je me suis retrouvé dans la maison d'un curé. Sa bonne m'a attrapé avec la botte de foin dans laquelle je m'étais endormi et j'ai été mangé par une vache.

— Comment t'es-tu échappé? demanda la mère de Tom.

— En entendant mes cris le curé a cru que la vache était ensorcelée et a décidé de la faire abattre. J'avais tout juste réussi à sortir la tête de son estomac lorsqu'un loup qui passait par là, l'avala d'un seul coup alors que je m'y trouvais encore.

— Quelle bonne idée d'avoir fait rentrer le loup dans la cuisine par le trou d'écoulement de l'évier, dit le père de Tom. Et heureusement que tu as crié fort sinon nous l'aurions éventré avec la faux et tu serais mort toi aussi.

— Oh, tais-toi, s'écria la femme du bûcheron. Tom est sain et sauf et nous sommes à nouveau réunis. Nous ne le vendrons plus jamais, même pour tout l'or du monde !

Les vêtements de Tom étaient tout abîmés, aussi sa mère s'empressa-t-elle de lui en confectionner de nouveaux. Bientôt, il eut un bel habit flambant neuf. Ses parents lui préparèrent un délicieux repas et il oublia bien vite les terribles aventures qu'il venait de vivre.

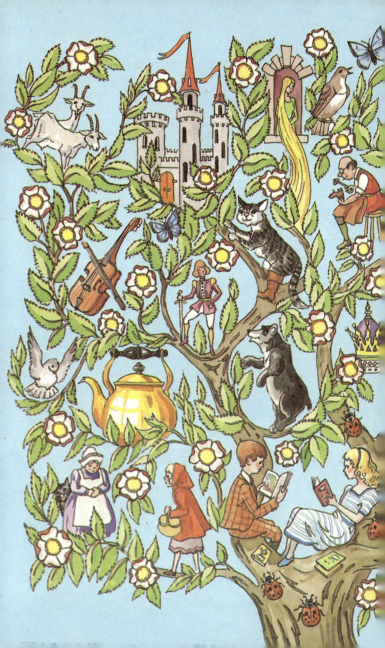